AF509123

REM PROBAT EVENTUS.

QUINE ÉCHU,

8.
46.
16.
64.
13.

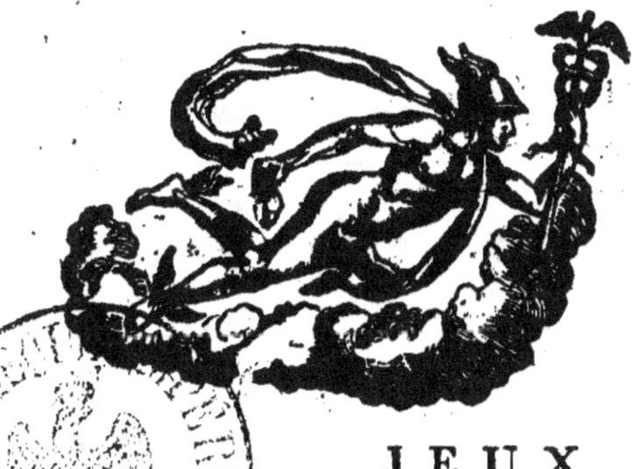

JEUX
DU
QUINE DE PARIS,
ET RECUEIL GÉNÉRAL

DES JEUX A MATURITÉ SUR LES LOTERIES,
d'après les Tables et Colonnes d'Archimède.

PAR M. MENUT DE St.-MESMIN, AUTEUR-ÉDITEUR.

Cette découverte a donné le Quine au tirage de Paris du 5 Juillet 1821, sur les Nᵒˢ. 8 13 16 46 64, qui ont produit 10 Ambes, 10 Ternes et 5 Quaternes, montant du lot, 131,350 fr.

1ᵉ. LIVRAISON du 3ᵉ. Volume. Janvier 1823.

On trouve dans ce Recueil des jeux sur chaque Roue et sur les différens Considérés; plus, les tables de la BALANCE du QUOTIE, du PACTOLE, et celle D'ARCHIMÈDE. Ces nouvelles tables et colonnes donnent la facilité de trouver des jeux à maturité sur 500 combinaisons différentes.

A PARIS,

chez M. MENUT DE St.-MESMIN, Mathématicien, en son Cabinet lotonomique, rue St.-Honoré, Nᵒ. 315.

ROUE DE LILLE.

JEUX a MATURITÉ a JOUER en Janvier 1823,
et au premier tirage du mois suivant.

J. DU QUINE,   I 21 75 84 88.

Secondaires et Rentrans
par ordre dans le Quine.   7 17.

JEU DE L'INDICATEUR,   1 4 44.

J. de la Table du PACTOLE,   7 17 38 47 68 88.
J. de la Table d'ARCHIMÈDE,   1 21 44 46 70.

JEUX DE LA BALANCE DU QUOTIÈS.

Choix des cases,   pour Tir.
Les 5 heureux,   26 43 45 60 64 pour 6 Tir.
Les 5 ingrats,   14 17 25 72 88 pour 4 Tir.

EXTRAITS DÉTERMINES.

83 84, 1e. 11 12, 2e. 78 88, 3e. 22 23, 4e. 13 14, 5e.
Ce jeu peut être joué 6 fois sans martingale, il est plus
avantageux que 10 Nos. sur une seule sortie.

CONSIDÉRÉ des roues de LILLE et PARIS.

¡Jeu de BANQUE, 12 17 37 47 62 72.

J. ALEATOIRE,   17 47.

SEUL,   72.

La Finale, ... 2, par extrait.
13 82, 1e. 75 76, 2e. 88 89, 3e. 3 76, 4e. 10 53, 5e.

ROUE DE BORD.

JEUX A MATURITÉ A JOUER ᴇɴ Janvier 1823,
et au premier tirage du mois suivant.

J. ᴅᴜ QUINE, 29 3o 38 86 88.

Secondaires et Rentrans
par ordre dans le Quine. 3ɪ 32.

Jᴇᴜ ᴅᴇ ʟ'Iɴᴅɪᴄᴀᴛᴇᴜʀ, 29 3o 3ɪ.

J. de la Table du PACTOLE, 16 29 46 49 59 86.

J. de la Table d'ARCHIMÈDE, 29 38 63 86 88.

Série tirée de même Table, . 29 à 32.

La Finale, . . .

JEUX ᴅᴇ ʟᴀ BALANCE ᴅᴜ QUOTIÈS.

Choix des cases, pour Tir.

Les 5 heureux, ɪ 2 24 26 58 pour 6 Tir.

Les 5 ingrats, 8 2ɪ 39 48 67 pour 7 Tir.

EXTRAITS DETERMINÉS.

8 9, ɪᵉ. 48 49, 2ᵉ. 86 87, 3ᵉ. 86 87, 4ᵉ. 33 34, 5ᵉ.

Ce jeu peut être joué 6 fois sans martingale, il est plus
avantageux que 10 Nᵒˢ sur une seule sortie.

CONSIDÉRE des roues de BORDEAUX et PARIS.

Jeu de BANQUE, 17 18 19 47 57 63.

J. ALÉATOIRE, 56 57.

SEUL, 38.

La Finale, . . . , par extrait.

5o 86, ɪᵉ. 24 49, 2ᵉ. 39 7o, 3ᵉ. 87 88, 4ᵉ. 63 64, 5ᵉ.

ROUE DE **PARIS**.

JEUX ᴀ MATURITÉ ᴀ JOUER ᴇɴ Janvier 1823,
et au premier tirage du mois suivant.

J. ᴅᴜ QUINE, 19 36 37 63 64.

Secondaires et Rentrans
par ordre dans le Quine. 47 5o.

Jᴇᴜ ᴅᴇ ʟ'Iɴᴅɪᴄᴀᴛᴇᴜʀ, 36 63 64.

J. de la Table du PACTOLE, 17 37 47 57 63 64.

J. de la table d'ARCHIMÈDE, 2o 37 5o 63 64.

Séries tirées de la même table, 15 à 21.
La Finale, ...

JEUX ᴅᴇ ʟᴀ BALANCE ᴅᴜ QUOTIÈS.

Choix des cases, pour Tir.
Les 5 heureux, 21 36 37 48 88 pour 6 Tir.
Les 5 ingrats, 1 8 33 65 89 pour 9 Tir.

J. ALÉATOIRE, 36 63.

SEUL, 37.

EXTRAITS DETERMINÉS.

La Séries, 4 5 31 32 58 59 81 82, 1e. sortie.
81 82, 1e. 24 25, 2e. 37 57, 3e. 37 38, 4e. 63 64, 5e.
Ce jeu peut être joué 6 fois sans martingale; il est plus
avantageux que 1o N°ˢ. sur une seule sortie.

CONSIDÉRÉ GÉN.

JEUX ᴀ MATURITÉ ᴀ JOUER ᴇɴ Janvier 1823.

Ils doivent donner plusieurs fois dans ce mois, en raison de leur âge Ordinaire et Mathématique.

J. ᴅᴜ QUINE, **4 16 19 63 90.**

Secondaires et Rentrans par ordre dans le Quine. **17 47.**

JEU DE L'INDICATEUR, 15 16 17.

J. de la Table du PACTOLE, 4 16 17 47 54 84.

J. tiré de la Table D'ARCHIMÈDE, 15 à 19.

La Finale, ...

Jeu de BANQUE, 15 16 17 19 36 38 39 63 83.

JEUX ᴅᴇ ʟᴀ BALANCE ᴅᴜ QUOTIÈS

Choix des cases,	12	39	47	75	83.
Les 5 heureux, .	34	58	60	77	81.
Les 5 ingrats, . .	38	50	63	68	87.

J. ALÉATOIRE, **47 63.**

SEUL, **88.**

EXTRAITS DÉTERMINÉS.

Finale, . 7, 2ᵉ. 4ᵉ. sorties.

Finale, . 9, 3ᵉ. 4ᵉ. sorties.

72 73, 1ᵉ. 54 55, 2ᵉ. 4 46, 3ᵉ. 56 57, 4ᵉ. 61 62, 5ᵉ.

16 17, 1ᵉ. 56 57, 2ᵉ. 60 61, 3ᵉ. 9 88, 4ᵉ. 10 87, 5ᵉ.

NOTᴀ: les 4 Jeux d'extraits et d'ambes déterminés, à jouer au Consid. gén., se trouvent au verso de cette page à côté des finales.

Table du PACTOLE pour l'âge des 90 Nos. sur l'ext. simp. par FINALE

Nos	St. Ag.	L. Ag.	Li. Ag.	B. Ag.	P. Ag.	C. Ag.	Nos	St. Ag.	L. Ag.	Li. Ag.	B. Ag.	P. Ag.	C. Ag.
10	9	2	0	13	6	2	5	1	1	4	6	16	8
20	8	12	0	16	36	2	15	11	17	16	9	21	46
30	11	3	6	79	0	0	25	19	42	9	28	13	47
40	14	19	19	27	5	25	35	28	34	1	0	9	1
50	36	15	6	15	69	32	45	2	4	3	24	0	0
60	1	2	9	2	18	9	55	31	13	26	1	3	6
70	7	7	47	5	6	26	65	46	6	1	7	7	7
80	0	7	0	6	24	2	75	9	38	69	6	6	30
90	94	4	29	7	15	23	85	27	5	13	0	5	1
1	6	24	52	5	0	0	6	14	47	24	25	5	25
11	2	18	15	14	11	14	16	17	26	11	30	13	57
21	3	2	71	4	20	13	26	0	6	3	22	9	4
31	59	21	4	48	2	10	36	21	22	12	4	37	21
41	11	23	5	20	9	27	46	1	58	32	41	5	9
51	3	8	21	2	20	11	56	0	11	21	29	43	4
61	29	0	15	33	3	3	66	2	6	3	14	20	14
71	14	12	7	0	16	1	76	4	23	8	4	9	21
81	3	16	12	0	31	1	86	10	24	10	133	1	5
2	10	28	15	4	26	21	7	21	2	40	9	8	13
12	33	31	15	64	16	77	17	27	14	42	23	29	73
22	6	19	11	11	3	15	27	22	8	19	3	11	16
32	8	0	2	44	27	3	37	5	71	14	1	52	6
42	24	16	0	3	3	2	47	20	17	24	24	39	88
52	7	0	18	24	1	3	57	35	44	2	44	28	12
62	40	1	40	8	25	8	67	6	3	19	19	10	18
72	2	16	36	0	59	1	77	4	6	19	5	22	7
82	21	1	2	1	19	6	87	8	27	5	4	0	0
3	4	20	13	17	17	24	8	28	26	3	24	10	17
13	24	0	24	5	2	3	18	10	3	2	16	22	12
23	23	8	30	6	11	31	28	0	2	8	1	16	4
33	7	29	7	7	3	15	38	4	25	36	111	14	24
43	9	3	20	21	43	18	48	5	35	4	1	18	6
53	32	9	46	8	21	41	58	4	7	10	2	23	11
63	29	28	10	16	95	52	68	7	5	35	15	6	28
73	6	18	0	21	4	2	78	8	29	18	11	12	44
83	3	24	17	19	17	19	88	54	11	33	45	2	10
4	23	12	60	59	10	50	9	20	1	6	40	4	8
14	5	1	8	10	7	8	19	54	16	20	16	20	81
24	36	11	7	18	22	37	29	29	5	2	69	0	0
34	5	82	6	13	1	5	39	11	9	5	29	1	0
44	0	4	48	5	2	4	49	10	10	30	51	0	35
54	39	11	10	11	12	52	59	27	13	1	45	7	7
64	1	5	7	13	46	9	69	6	17	3	7	2	10
74	21	17	13	23	4	20	79	5	0	10	29	10	3
84	18	26	28	10	17	51	89	9	50	31	3	19	16

Age statistique des finales sur chaque sortie au Considéré gén.

Sort.	f. 0.	f. 1.	f. 2.	f. 3.	f. 4.	f. 5.	f. 6.	f. 7.	f. 8.	f. 9.
1re.	20	36	25	56	16	38	57	32	12	48
2e.	24	28	40	47	31	34	31	84	55	31
3e.	38	63	7	43	59	52	26	54	38	51
4e.	30	21	33	26	67	29	40	68	68	131
5e.	36	16	74	60	48	49	47	36	24	21

JEUX D'EXTRAITS ET D'AMBES DÉTERMINÉS
à jouer au Considéré général.

1er. jeu Finale 7, 2e. Finale 9, 4e. sorties.
2e. — Finale 8, 4e. Finale 2, 5e. sorties.
3e. — Finale 7, 2e. Finale 2, 5e. sorties.
4e. — Finale 2, 5e. Finale 9, 4e. sorties.

Table D'ARCHIMÈDE sur le Consid. gén., et les divisionn., laquelle fait connaître la différence de l'âge *Mathématique* des 90 Nos. de celui de l'âge *ordinaire* sur l'extrait simple. Les 5 Nos. sortans ne réduisent pas leur âge à zéro.

Nos.	Cons. Age.	Paris Stras.	Paris Lyon	Paris Lille	Paris Bord.	Nos.	Cons. Age.	Paris Stras.	Paris Lyon	Paris Lille	Paris Bord.
1	87	6	24	52	5	46	137	6	63	37	46
2	83	36	54	41	30	47	124	59	56	63	63
3	71	21	37	30	34	48	53	23	53	22	19
4	164	33	22	70	69	49	108	17	17	37	58
5	24	17	17	20	22	50	141	105	84	75	84
6	115	19	52	29	30	51	54	23	28	41	22
7	80	29	10	48	17	52	50	8	1	19	25
8	91	38	36	13	34	53	116	53	30	67	29
9	71	24	5	10	44	54	83	51	23	22	23
10	30	15	8	6	19	55	74	34	16	29	4
11	60	13	29	26	25	56	104	43	54	64	72
12	159	49	47	31	80	57	153	63	72	30	72
13	55	26	2	26	7	58	46	27	30	33	25
14	31	12	8	15	17	59	91	32	18	6	50
15	74	32	38	37	30	60	32	19	20	27	20
16	97	30	39	24	43	61	80	32	3	18	36
17	135	56	43	71	52	62	114	65	26	65	33
18	53	32	25	24	38	63	178	124	123	105	111
19	126	74	36	40	36	64	72	47	51	53	59
20	72	44	48	36	52	65	67	53	13	8	14
21	100	23	22	91	24	66	45	22	26	23	34
22	50	9	22	14	14	67	57	16	13	29	29
23	78	34	19	41	17	68	68	13	11	41	21
24	94	58	33	29	40	69	35	8	19	5	9
25	111	32	55	22	41	70	72	13	13	53	11
26	40	9	15	12	31	71	49	30	28	23	15
27	63	33	19	30	14	72	113	61	75	95	59
28	27	16	18	24	17	73	49	10	22	4	25
29	105	29	5	2	69	74	78	25	21	17	27
30	99	11	3	6	79	75	128	15	44	75	12
31	134	61	23	6	50	76	48	13	32	17	13
32	81	35	27	29	71	77	38	26	28	23	27
33	53	10	32	10	10	78	78	20	41	30	23
34	107	6	83	7	14	79	54	15	10	20	39
35	72	37	43	10	9	80	37	24	31	24	30
36	96	58	59	49	41	81	62	34	47	43	31
37	143	57	123	66	53	82	44	40	20	21	20
38	190	18	39	50	125	83	80	20	41	34	36
39	55	12	10	6	30	84	99	35	43	47	27
40	84	19	24	24	32	85	44	32	10	18	5
41	68	20	32	14	29	86	178	12	25	11	134
42	46	27	19	3	6	87	44	8	27	5	4
43	95	52	46	63	54	88	145	56	13	35	47
44	59	2	6	50	7	89	112	28	69	50	22
45	33	2	4	3	24	90	149	109	19	44	22

Table de la Balance du QUOTIÈS, ou mouvement statistique, présentant les cases des quantités égales de la sortie des 90 Nᵒˢ. à la loterie de STRASB. (Dernier tirage, 44 80 56 26 28.)

Fois	Nᵒˢ. égaux en sorties.	Fois	Nᵒˢ. égaux en sorties.
25	87	55	
26		56	
27	47	57	
28		58	
29	6	59	
30	24 63 89	60	
31		61	
32		62	
33		63	
34	73	64	
35	31 59 40 46	65	
36	86 45 80	66	
37	55 13 30 14	67	
38	23 18 32 20	68	
39	54 42 43 22	69	
40	19 88 36 68 67 72	70	
41	65 35 16 1 69 44	71	
42	53 27 2 49 38 51	72	
43	50 15 39 10 52 21 11	73	
44	85 84 58	74	
45	12 61 7 71 75 81	75	
46	17 9 74 78 37 76 66 56 28	76	
47	48	77	
48	57 8 4 25 90 34 83	78	
49	33 77 64	79	
50		80	
51	62 82 41	81	
52	79 3	82	
53	29 70 5 26	83	
54	60	84	

Fois	N⁰ˢ. égaux en sorties.	Fois	N⁰ˢ. égaux en sorties.
28	63	58	
29		59	
30	70 83	60	
31		61	
32	53 61	62	
33	50 7	63	
34	25 24 68 29	64	
35	38	65	
36	75 48 76 80 26	66	
37	69 55 4 27 32	67	
38	6 34 37 16	68	
39	1 41 36 35 80 30	69	
40	46 66 10	70	
41	33 74 19 79	71	
42	31 59 54 45 82	72	
43	73 64 62	73	
44	2 18 5 9 13	74	
45	84 86 47 71 43 28	75	
46	87 15 49	76	
47	40 20 81	77	
48	72 51 23 44 67	78	
49	78 3 65 60 52	79	
50	56 58 21	80	
51	42	81	
52	22	82	
53	12 8 39 90	83	
54	57 17 77	84	
55	88	85	
56	85	86	
57	11 14	87	

Table de la Balance du QUOTIÈS *, ou mouvement statistique, présentant les cases des quantités égales de la sortie des* 90 N°. *à la loterie de* LILLE. *(* Dernier tirage, 20 42 10 -3 80. *)*

Fois	N°. égaux en sorties.	Fois	N°. égaux en sorties.
26	17	56	60
27		57	43 26 45
28		58	
29	88 25 14	59	64
30		60	
31	72	61	
32		62	
33	54	63	
34	76 31	64	
35	67 78 12 87	65	
36	36 50 39 57 82	66	
37	33 80	67	
38	38 69	68	
39	53 68 11 74 3 16 8 18 65	69	
40	27 86	70	
41	7 66 10	71	
42	44 62 49 51 15 71 41	72	
43	89 23 55 13 47 30	73	
44	1 84 19 40 28 75 29	74	
45	56 48 73	75	
46	83 61 9 20	76	
47	70 6 52 37 22 79 35	77	
48	46 90 2 32 59	78	
49	21 85 63 24	79	
50	81 42	80	
51	58	81	
52	34	82	
53	5 77	83	
54	4	84	
55		85	

Table de la Balance du QUOTIÈS *, ou mouvement statistique,
présentant les cases des quantites égales de la sortie des 90 N^os.
à la loterie de* BORDEAUX*. (Dernier tirage,* **35** 72 **85** 81 71*.*)

Fois	N^os. égaux en sorties.	Fo's	N^os. égaux en sorties.
30	39	60	
31	67	61	
32	8 21	62	
33	79 48	63	
34	50 11 22	64	
35	38 6 31 33	65	
36	41 36 37	66	
37	83 87	67	
38	32 86 74 63 64 53 69 75 13 84	68	
39	68 70 27	69	
40	88 56 40 19 65	70	
41	47 7 62 23 76	71	
42	43 10 54 90 5 51 60 35	72	
43	4 12 57 52 44 55	73	
44	29 59 16 17 20 14 80	74	
45	45 72 71	75	
46	73 18 66	76	
47	9 3 82 81	77	
48	30 46 15 89 34	78	
49	61 25	79	
50	78 28	80	
51	49 77 42 85	81	
52	24	82	
53	26 58	83	
54		84	
55		85	
56	1	86	
57		87	
58		88	
59	2	89	

Table de la Balance du QUOTIÈS*, ou mouvement statistique, présentant les cases des quantités égales de la sortie des* 90 N°*. à la loterie de* PARIS*.* (*Dernier tirage ,* 87 29 45 30 1.)

Fois	N°. égaux en sorties.	Fois	N°. égaux en sorties
64	8	94	53
65		95	73 30
66		96	32 80
67	89	97	9 42
68		98	
69	33	99	36 21 22
70	65	100	48
71	16 41 55 1	101	
72	43 56 58 85	102	37
73	72 77 4 68 13 69 45	103	
74	24	104	88
75	15 12 23	105	
76	38 70	106	
77	20 82 59 14 87	107	
78	60	108	
79	2 54 27 49 52	109	
80	18 25	110	
81	50 51 81 11 10 74	111	
82	44	112	
83	47 5 67 79 26 46 39	113	
84	84 83	114	
85	3 71 28 76	115	
86	35 86	116	
87	7 6	117	
88	64 78 31	118	
89	62 75	119	
90	63 17 90 34 29	120	
91	57 19 66 61	121	
92	40	122	
93		123	

Table de la Balance du QUOTIÈS, ou mouvement statistique, présentant les cases des quantités égales de la sortie des 90 N^os. au CONSIDÉRÉ GÉNÉRAL. (D'après le 3862e. tirage.)

Fois	N^os. égaux en sorties.	Fois	N^os. égaux en sorties
183		213	15 23 44 35
184	63	214	12 51 20
185	50 87	215	
186		216	40 1 30
187		217	19
188		218	79 73
189		219	88
190	38	220	4 62 37
191	68 27	221	49 22 52
192	89	222	56 61
193		223	
194	16	224	78
195	6 67	225	43 71 45
196	54 36 69 31	226	66
197		227	46
198	76 33	228	21
199	55	229	64
200	86	230	3
201	82	231	5
202		232	57
203	53	233	29
204	47 75 83 39	234	2
205		235	
206	74 59	236	28
207	41 72	237	
208	25 24 8 7	238	9 85
209	70 14 32 10	239	90
210	17 13	240	26
211	11 18 65 80	241	42 81
212	84 48	242	

Fois	Nᵒˢ. égaux en sorties.	Fois	Nᵒˢ. égaux en sorties.
243	58 34	253	
244		254	
245	60 77	255	
246		256	
247		257	
248		258	
249		259	
250		260	
251		261	
252		262	

INSTRUCTION *sur les tables de la Balance du* QUOTIÈS.

Les 5 Nᵒˢ. sortans à chaque tirage doivent descendre nécessairement dans la case placée au-dessous de celle où chacun d'eux était rangé d'après la quantité de fois qu'il était sorti.

Plus il y a de numéros au-dessus d'une *case vide,* plus il est probable qu'un ou plusieurs de ces mêmes Nᵒˢ. viendront la remplir dans le plus court délai. Il en est de même quand il se trouve une certaine quantité de Nᵒˢ. accumulés au-dessus de celle qui n'a qu'un numéro. On tiendra également en observation les Nᵒˢ. qui sont les plus heureux ou les plus ingrats.

OBSERVATION. La table du Pactole et celle d'Archimède font connaître qu'il y a deux principes pour présenter l'âge des 90 numéros, savoir : 1ᵉʳ. principe, l'âge ordinaire qui se trouve dans la Table du Pactole par ordre final ; 2ᵉ. principe, l'âge mathématique de la table d'Archimède pour l'extrait simple, sur le Considéré général et les 4 Considérés divisionnaires : c'est d'après ce dernier principe, que souvent un numéro, une série, une finale qui vient de sortir, se trouvent annoncés pour une prompte répétition par leur âge *mathématique.* Ces deux âges font distinguer deux classes de jeux des 5 Nᵒˢ. anciens et des séries ; d'où il suit que les 5 Nᵒˢ. sortans ne réduisent pas à zéro l'âge du calcul mathématique.

(Janvier 1823.) Imprimerie de GUIRAUDET.